ARTETERAPIA PARA RELAXAR!

VIDA SIMPLES

LIVRO DE COLORIR

CB082833

Todolivro

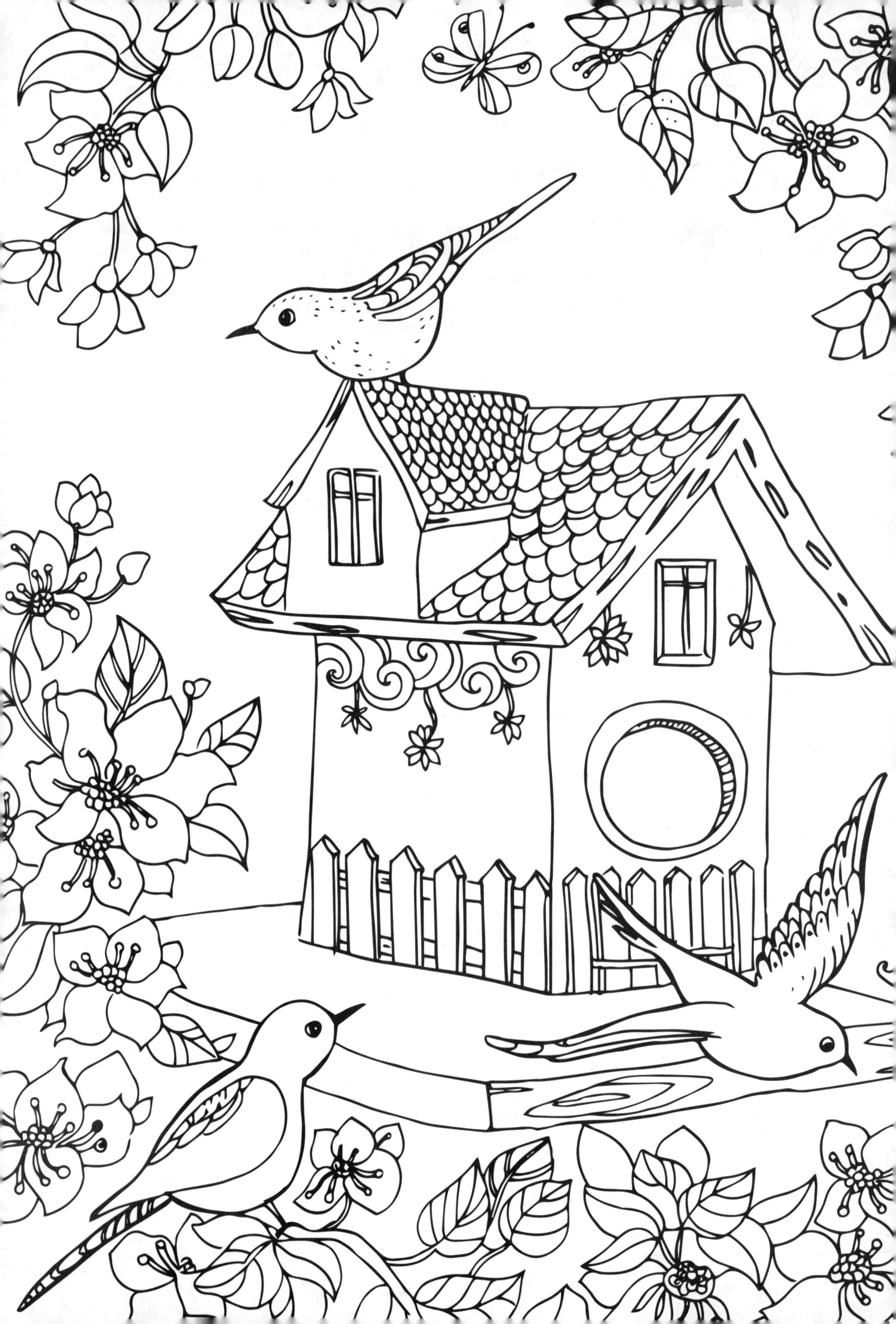

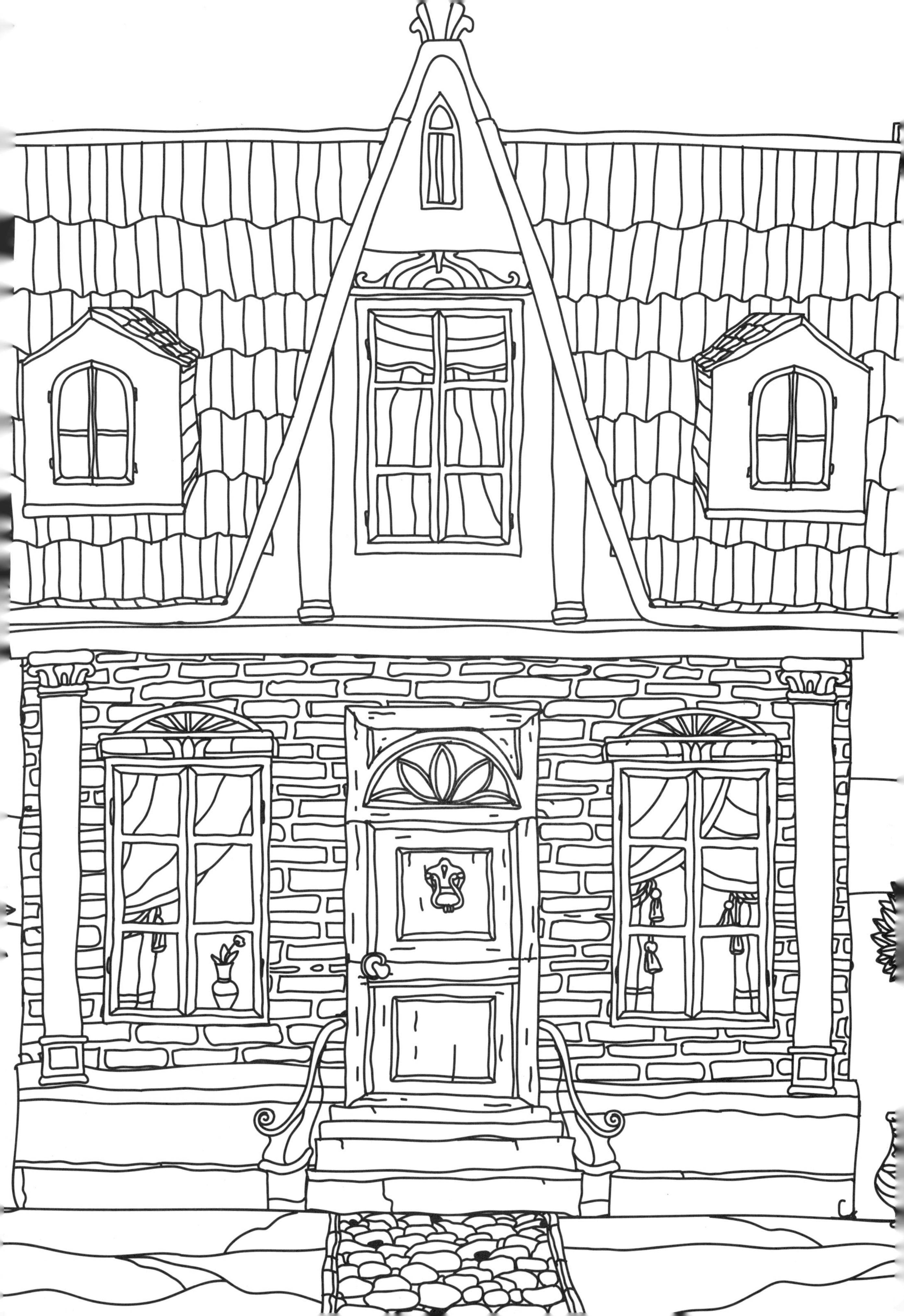

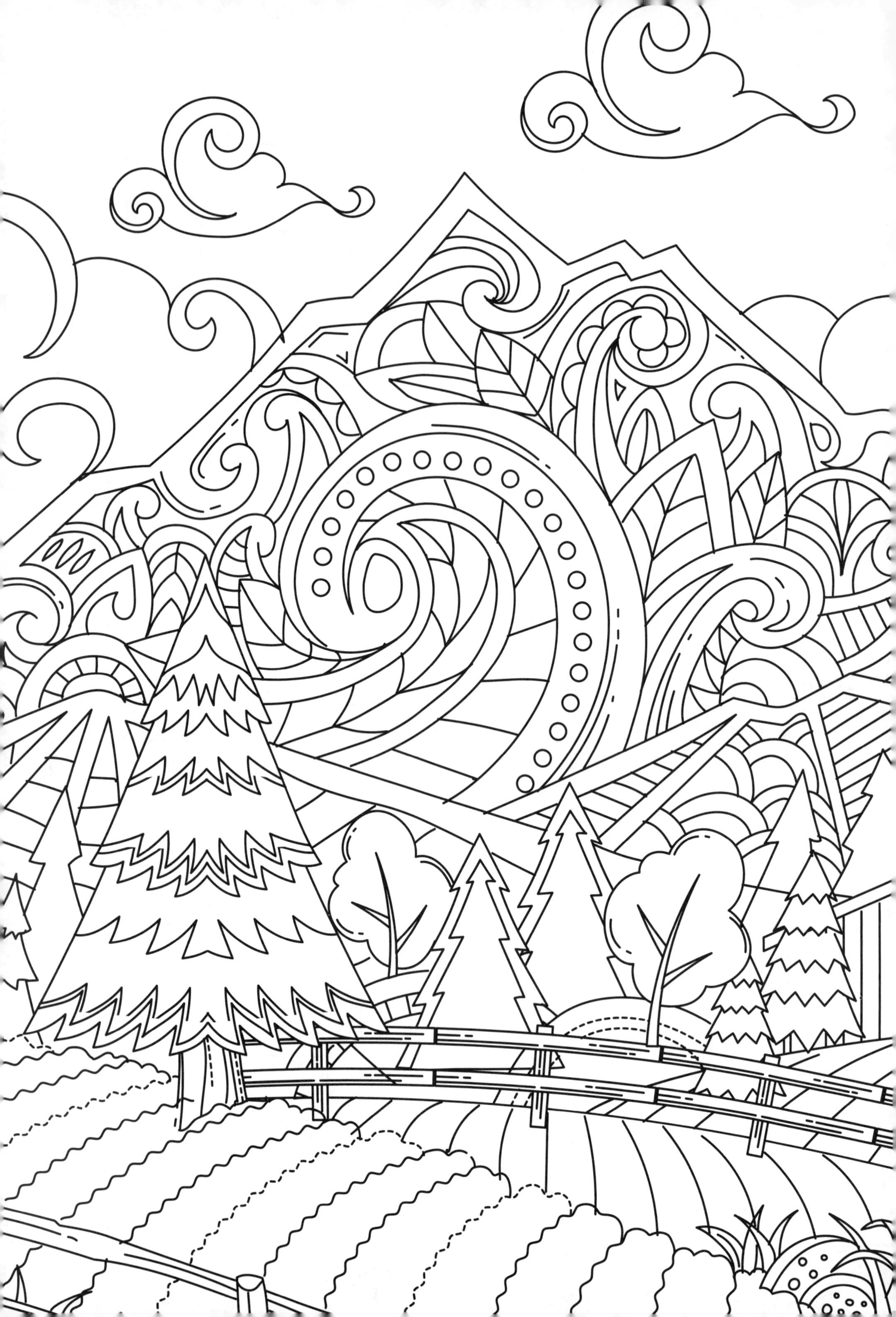

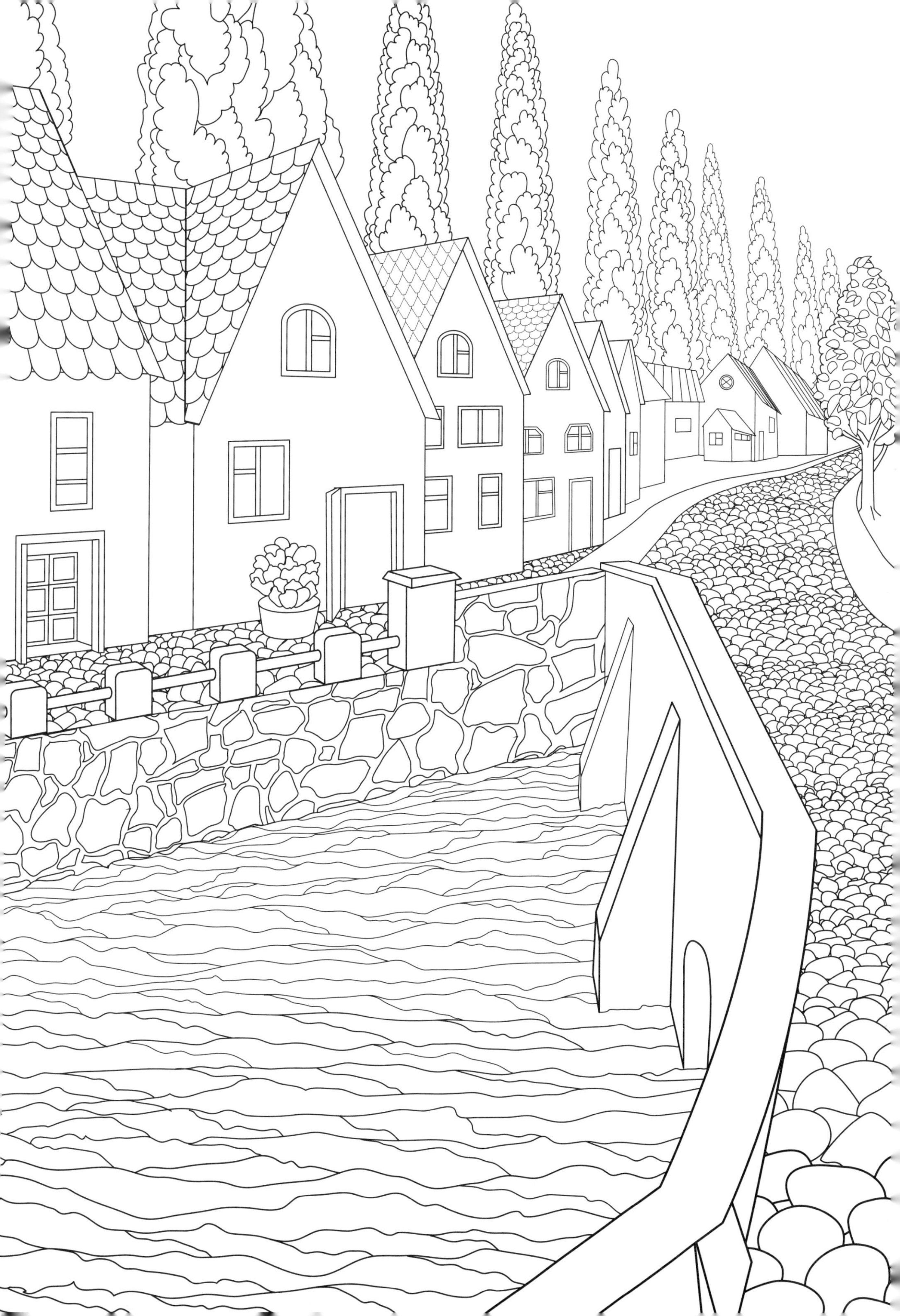

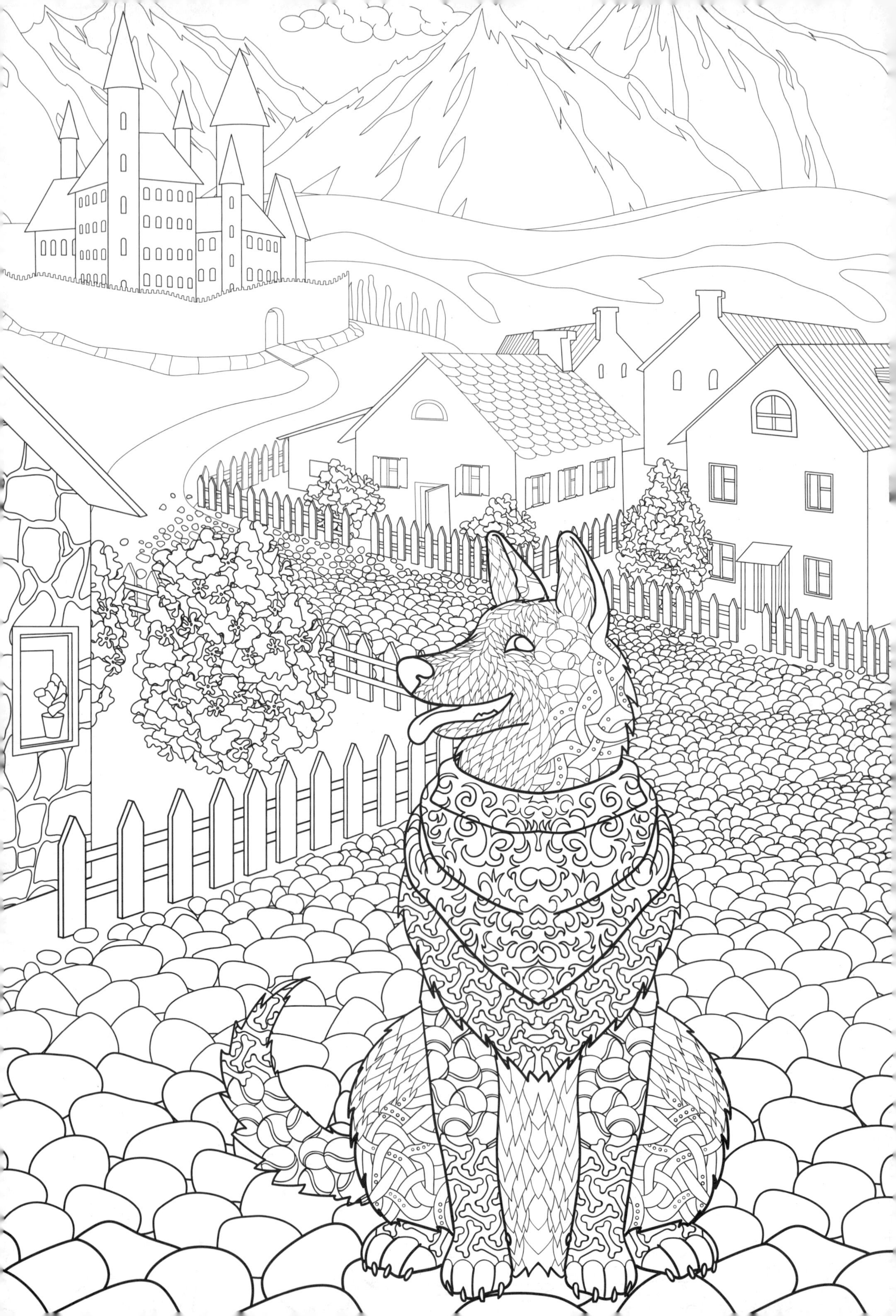

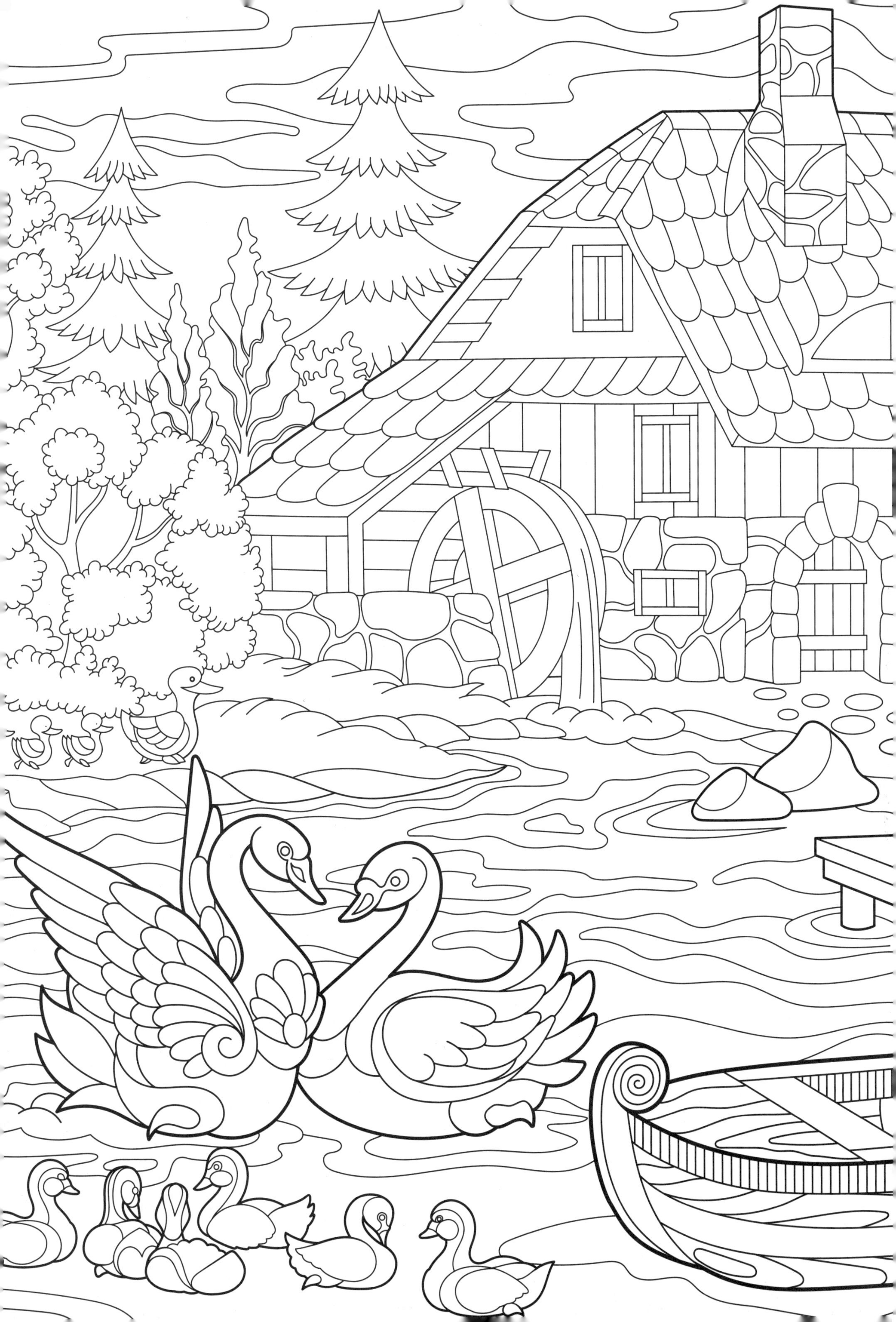

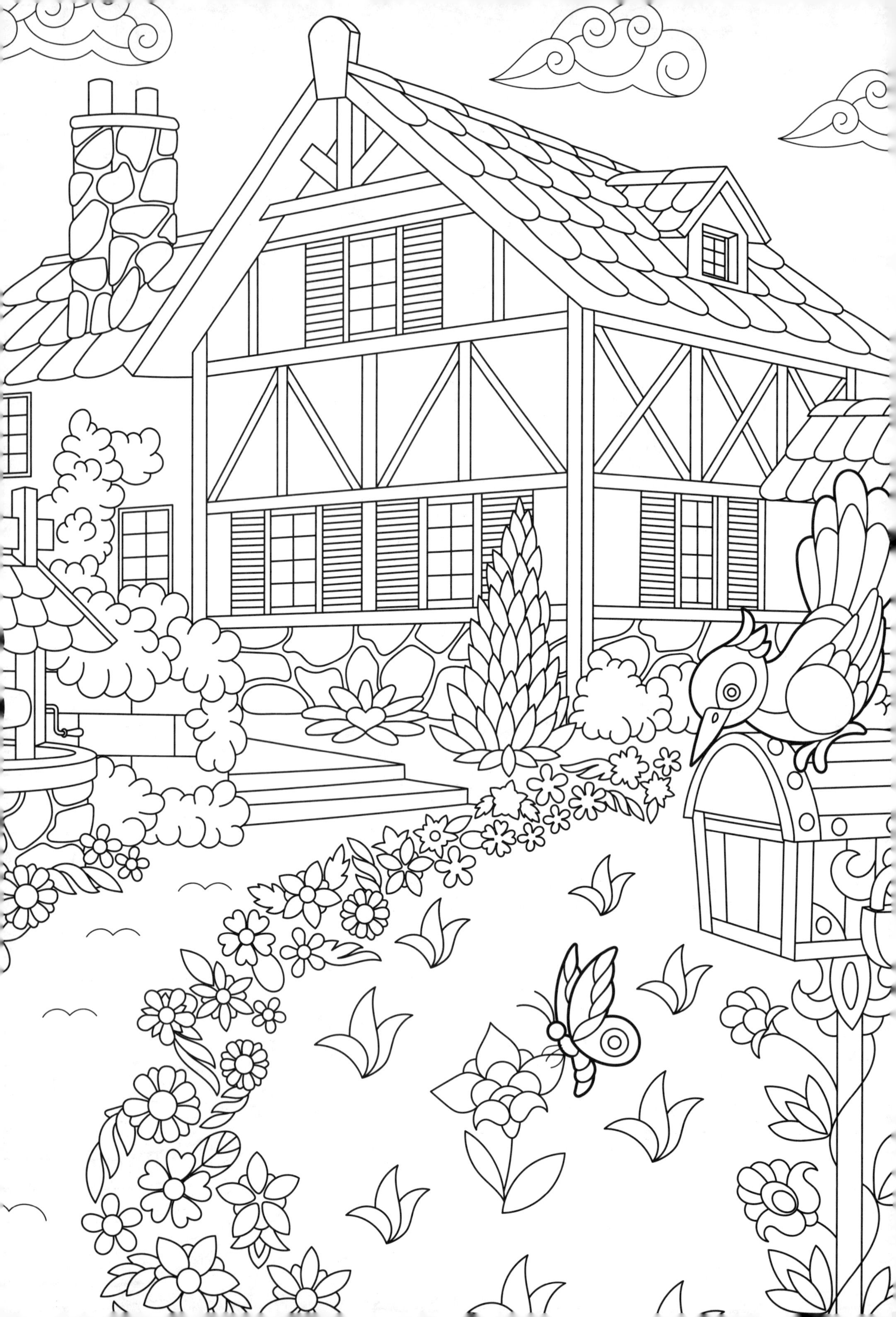

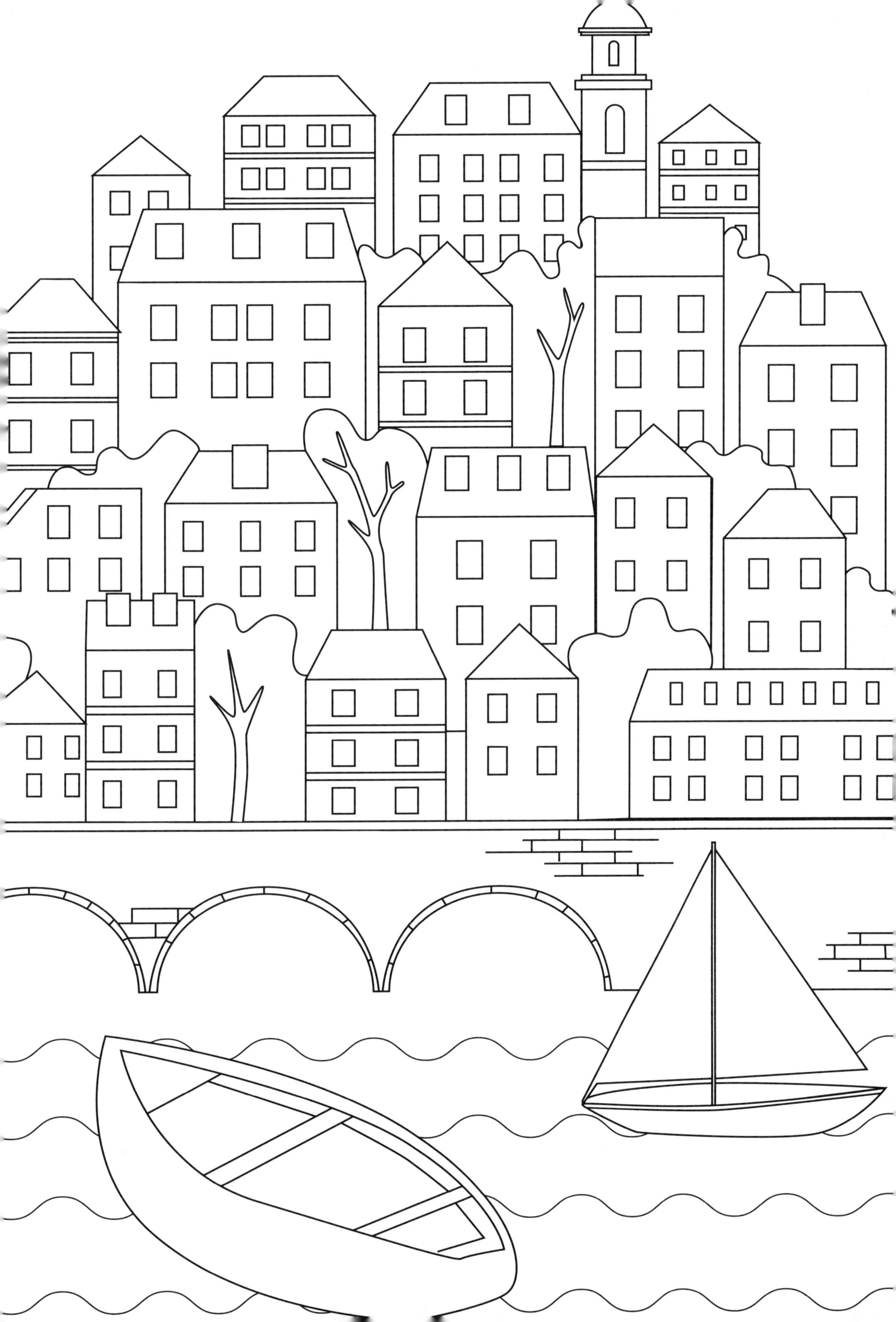

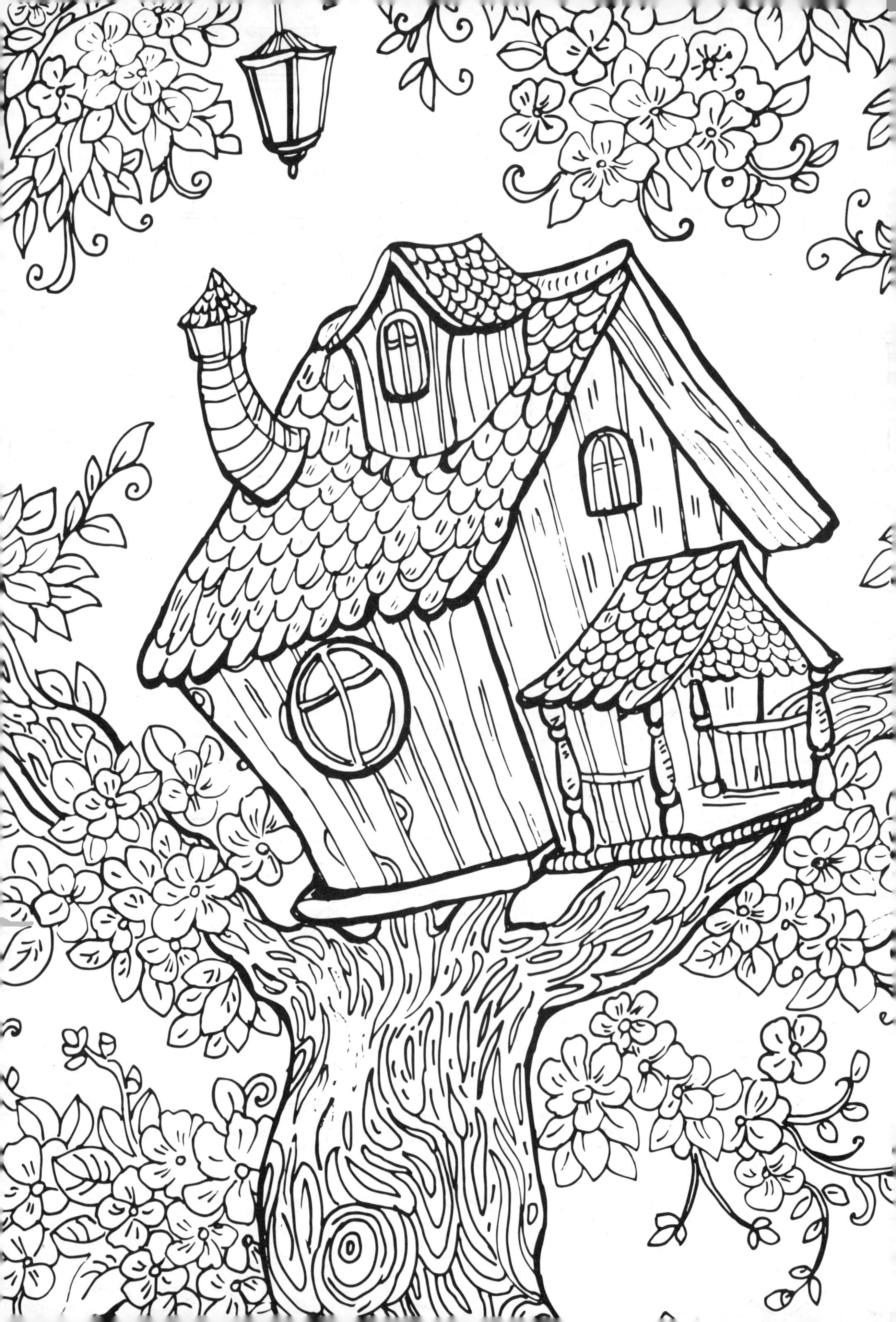

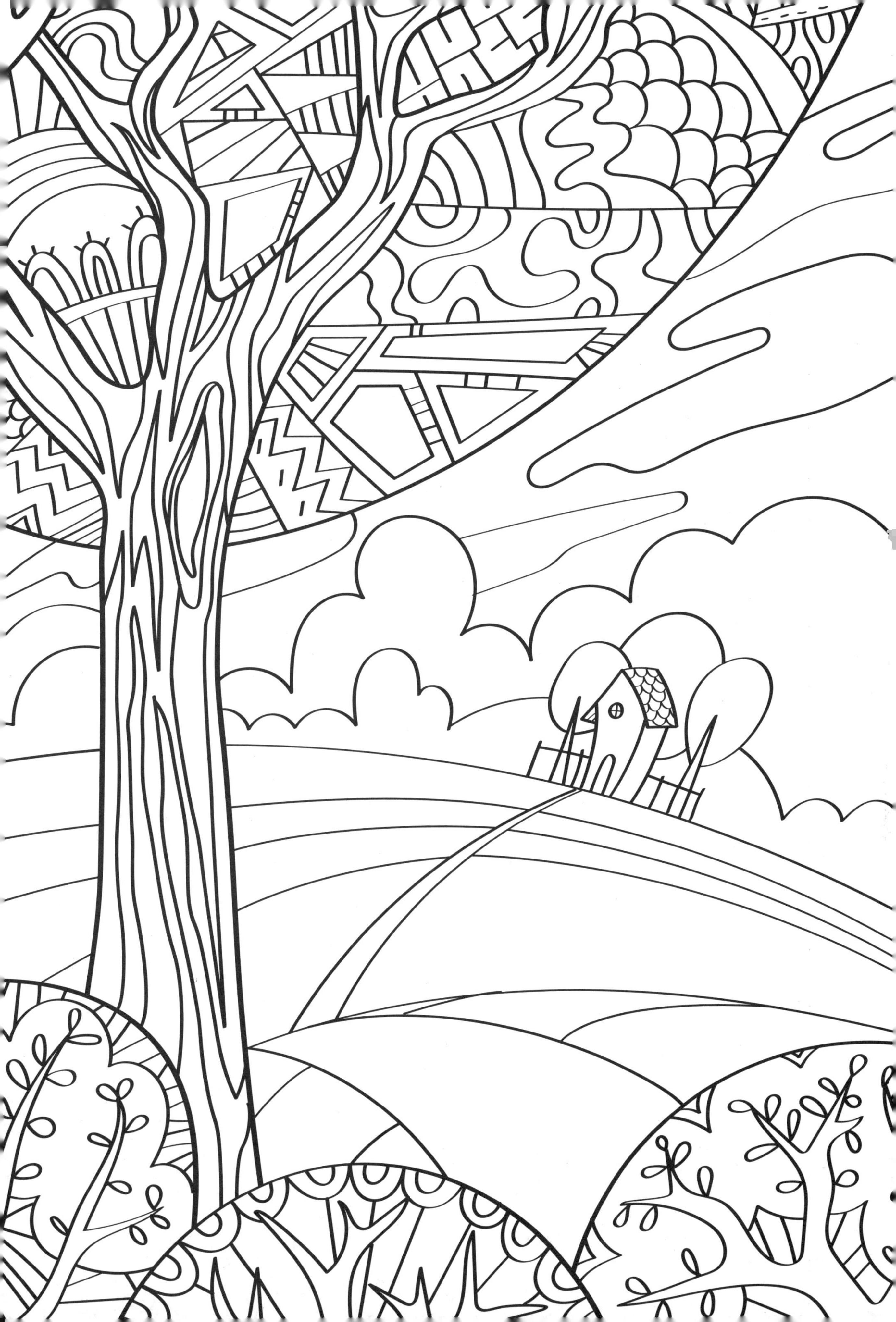

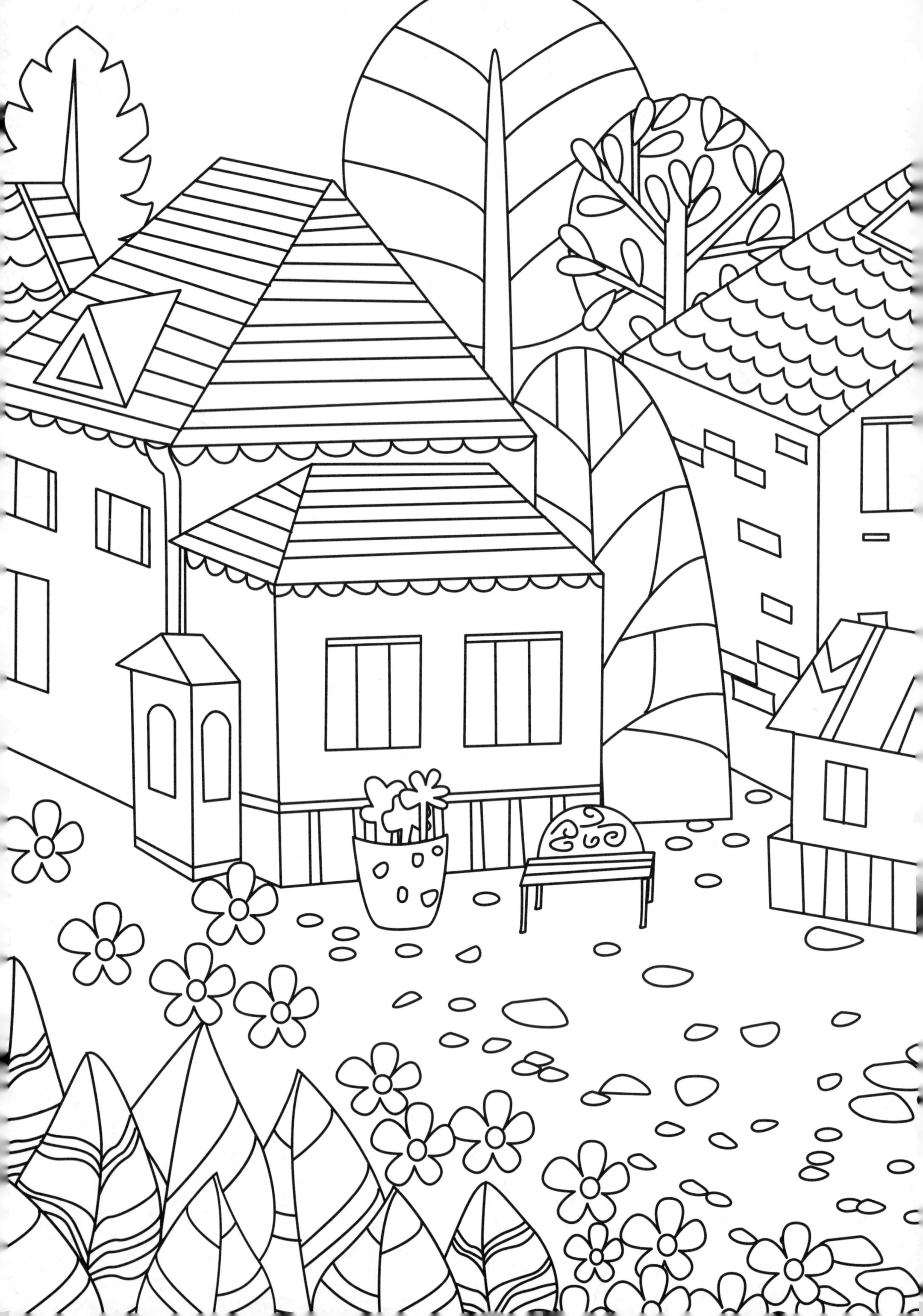

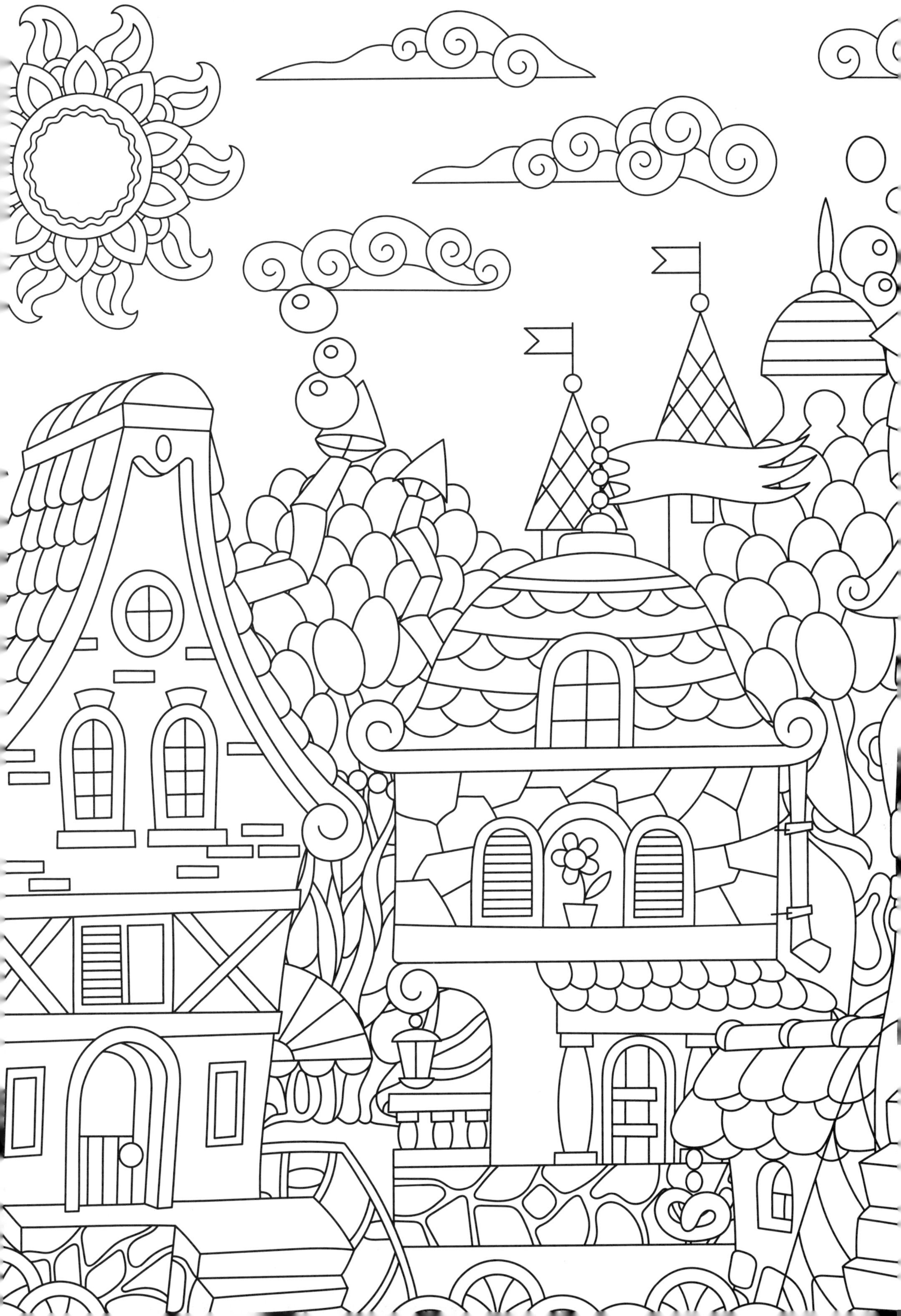

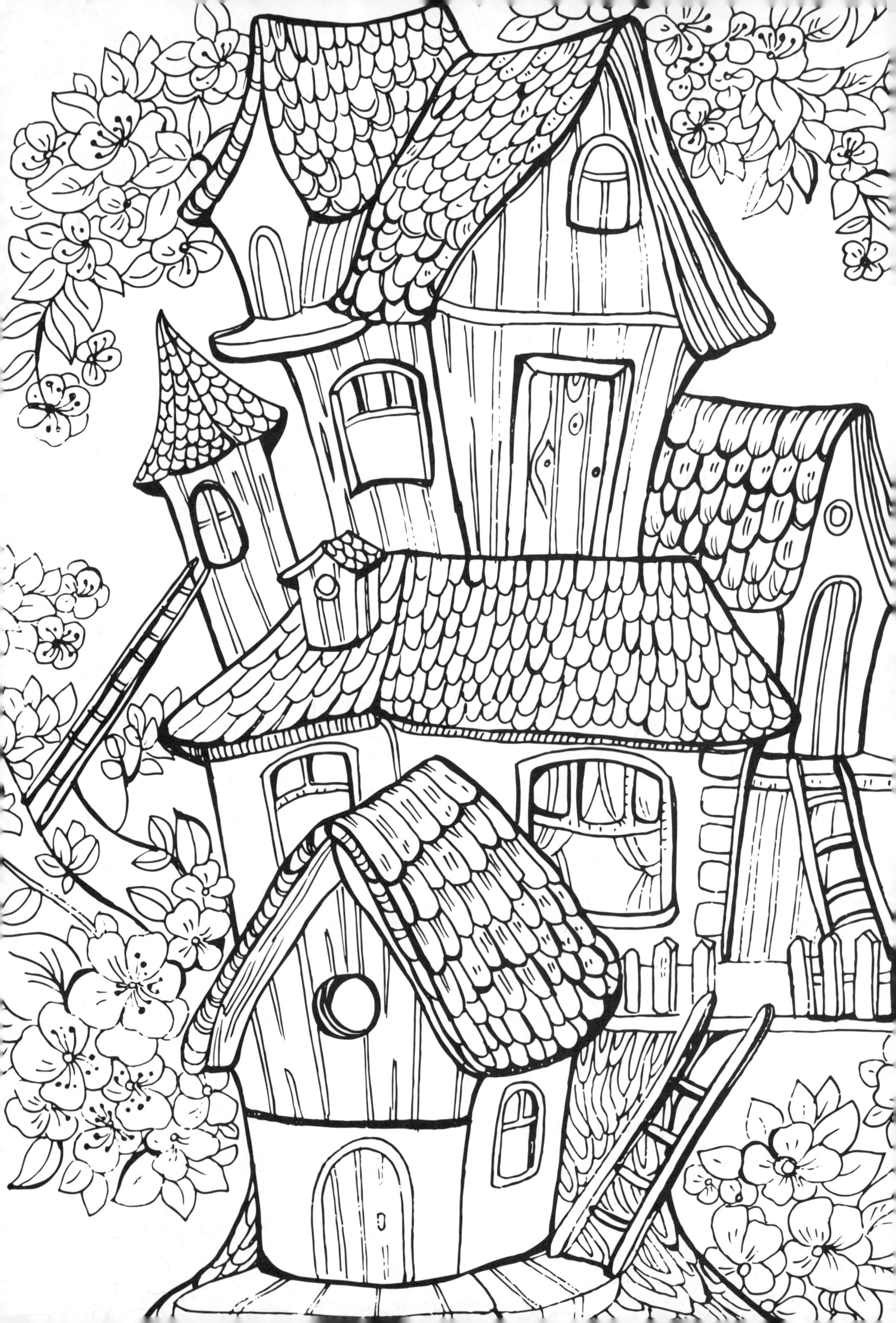

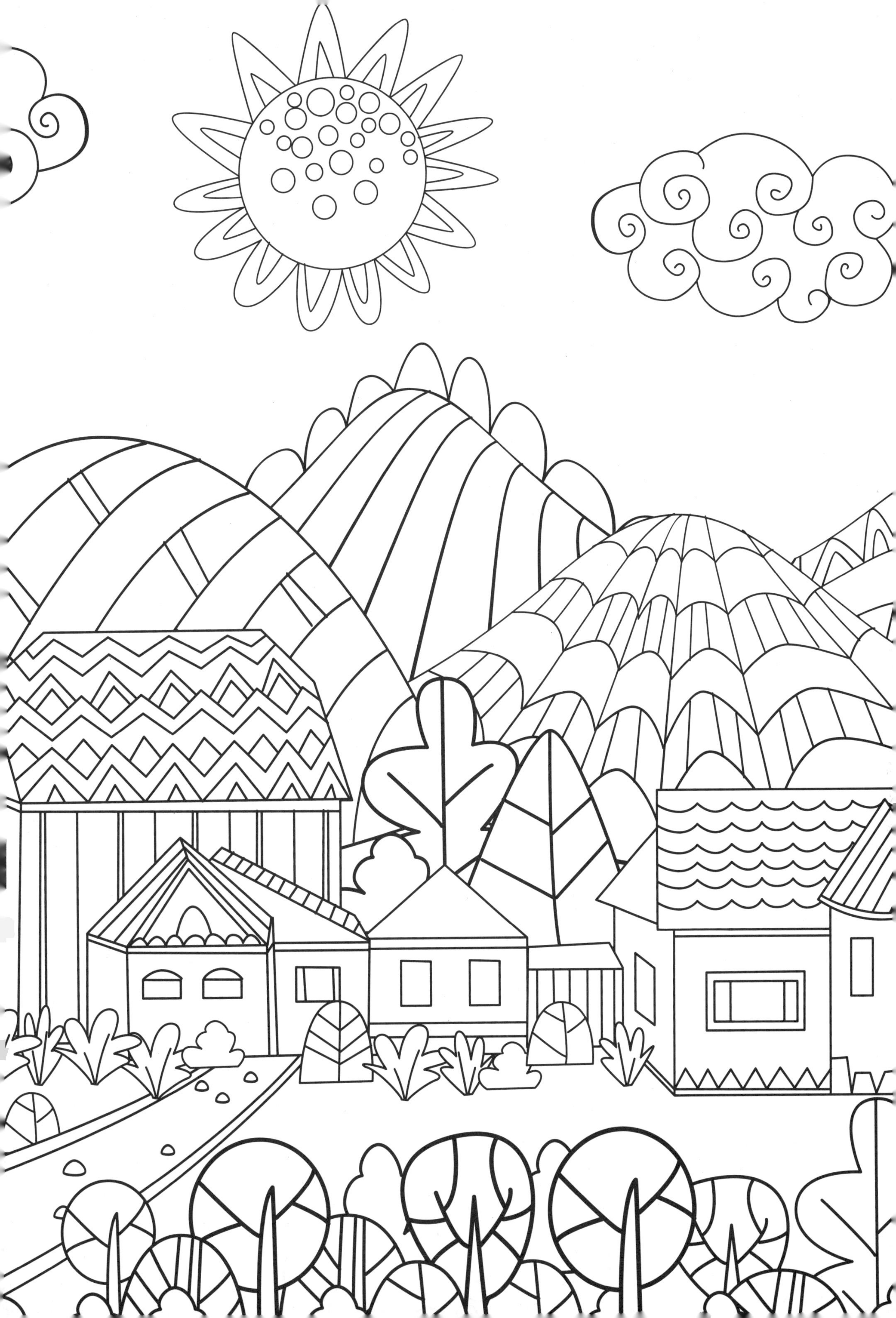

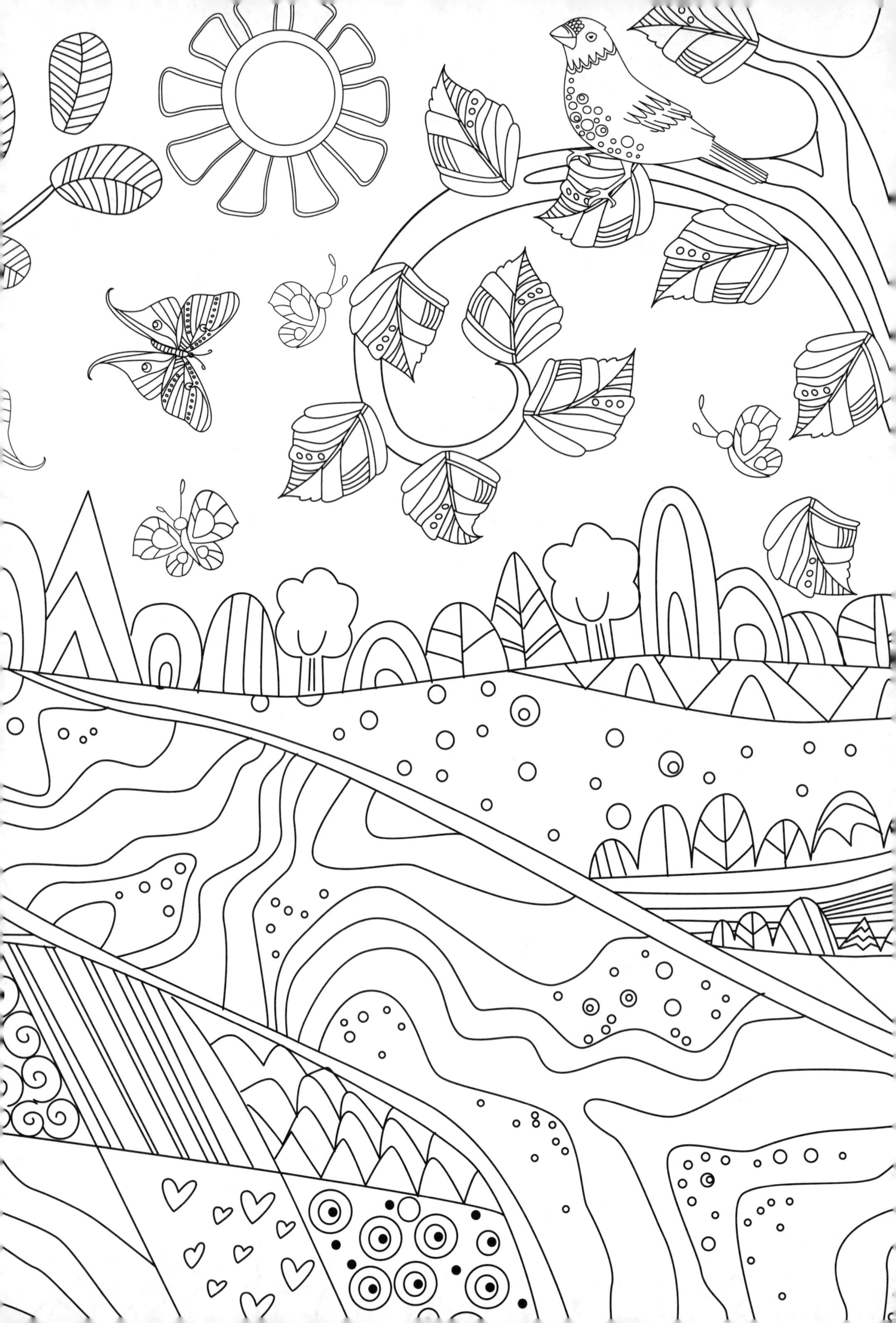

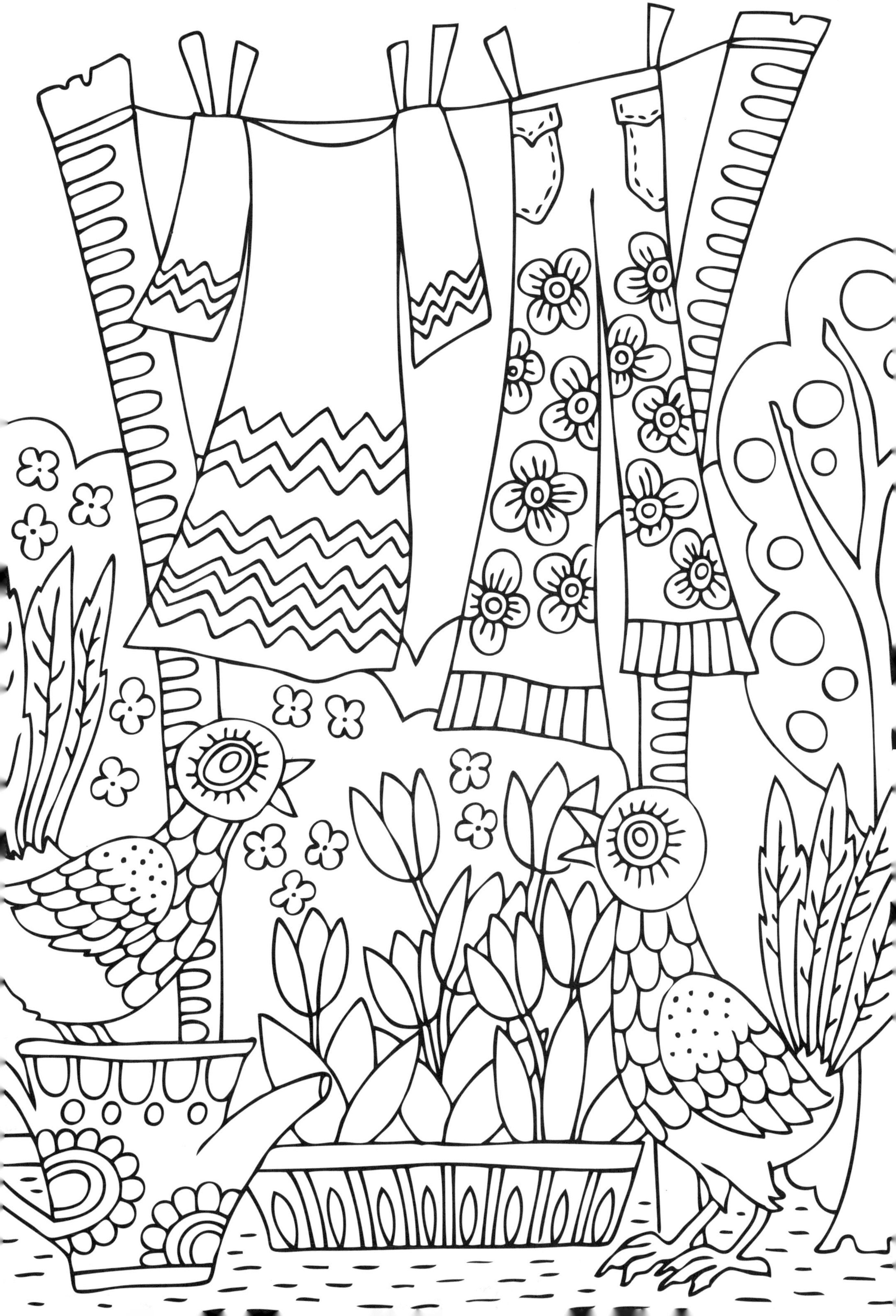

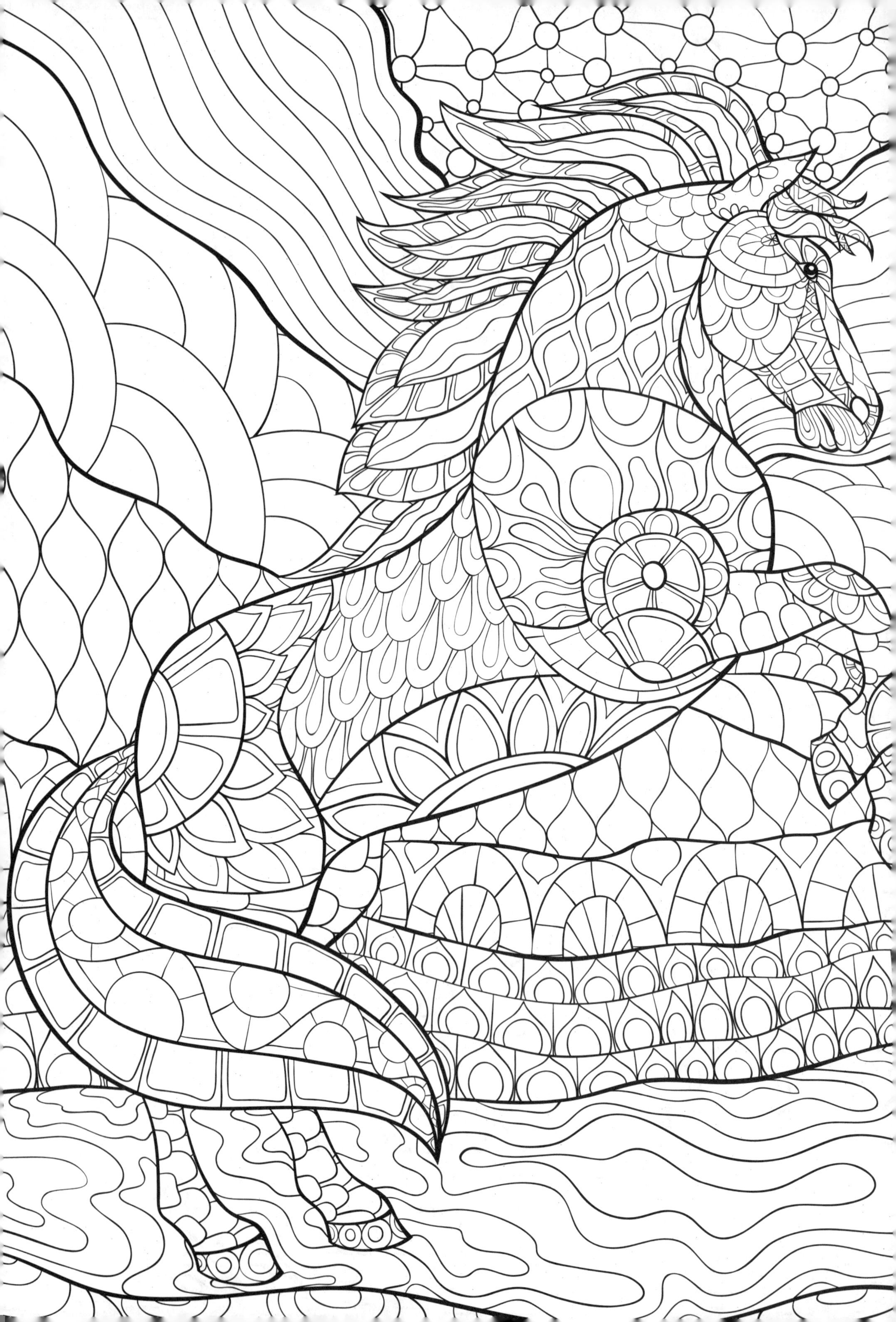

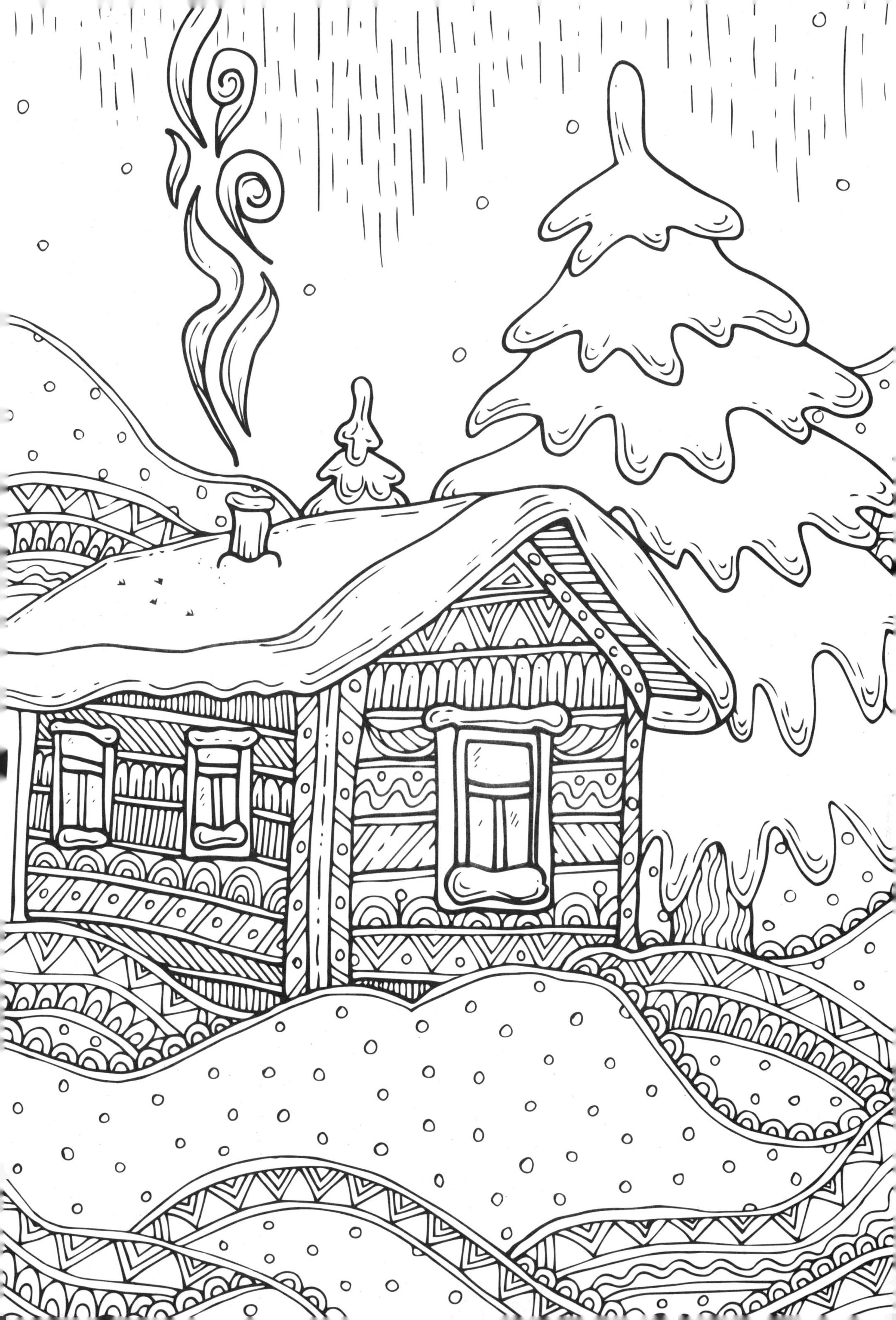

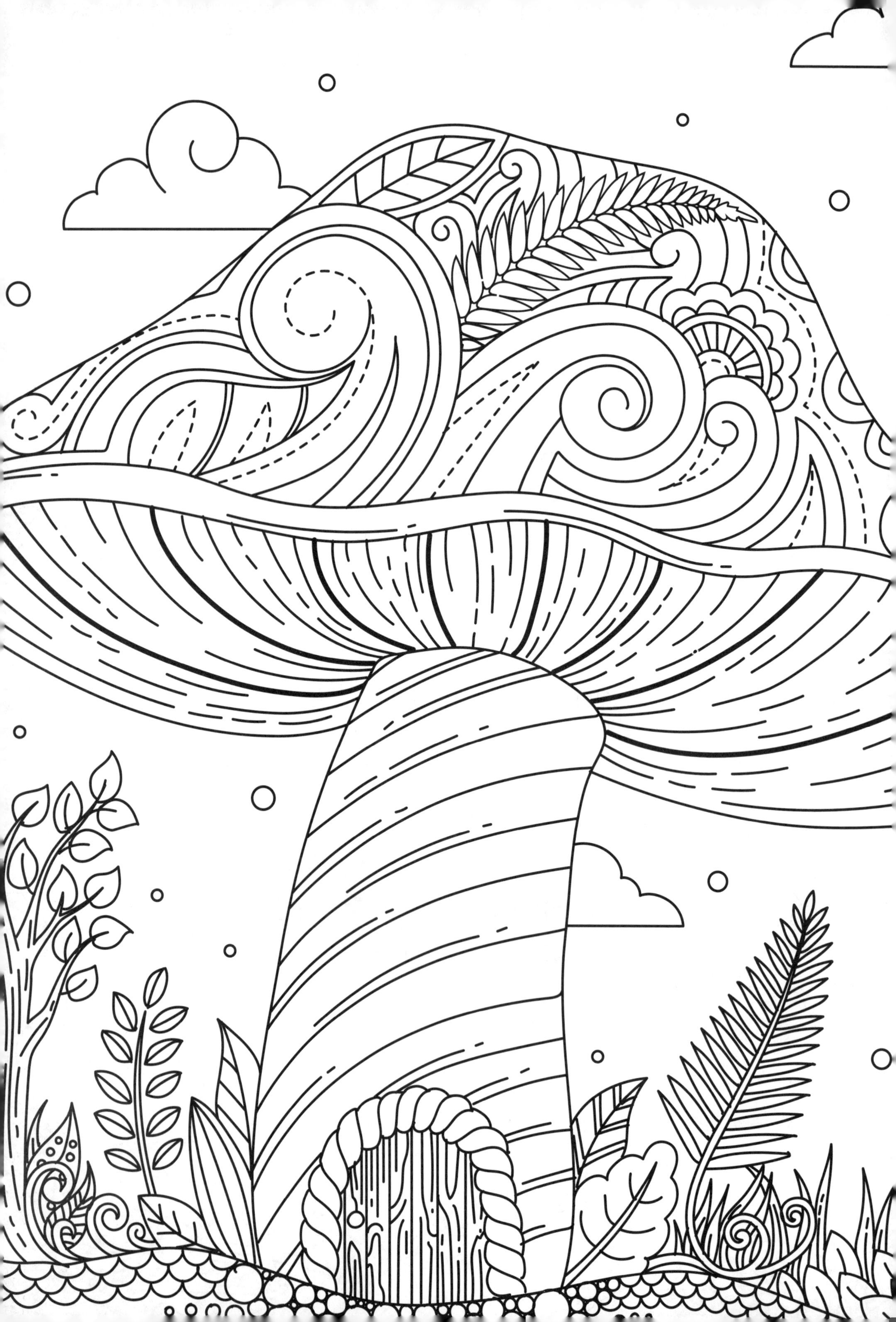

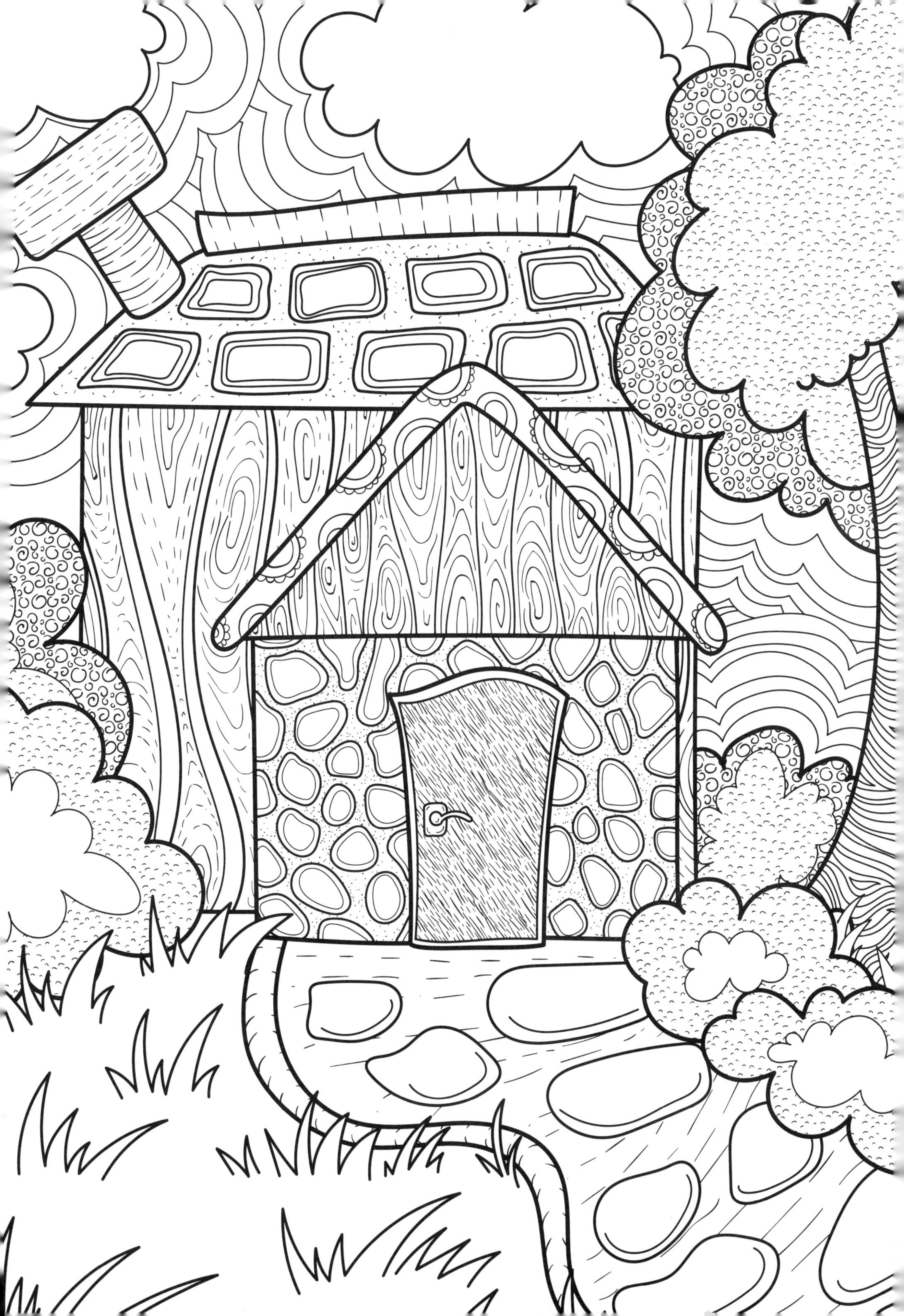

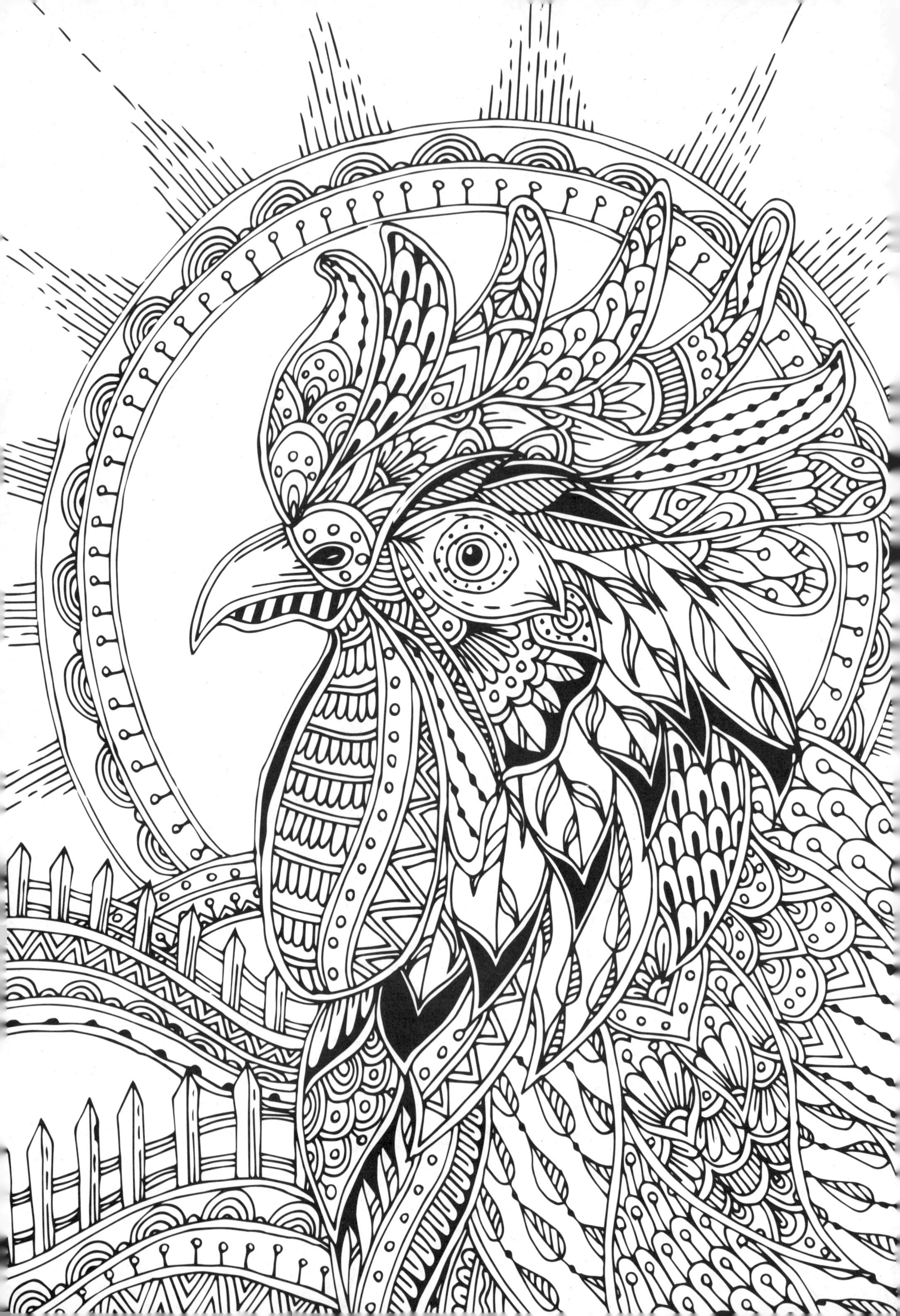

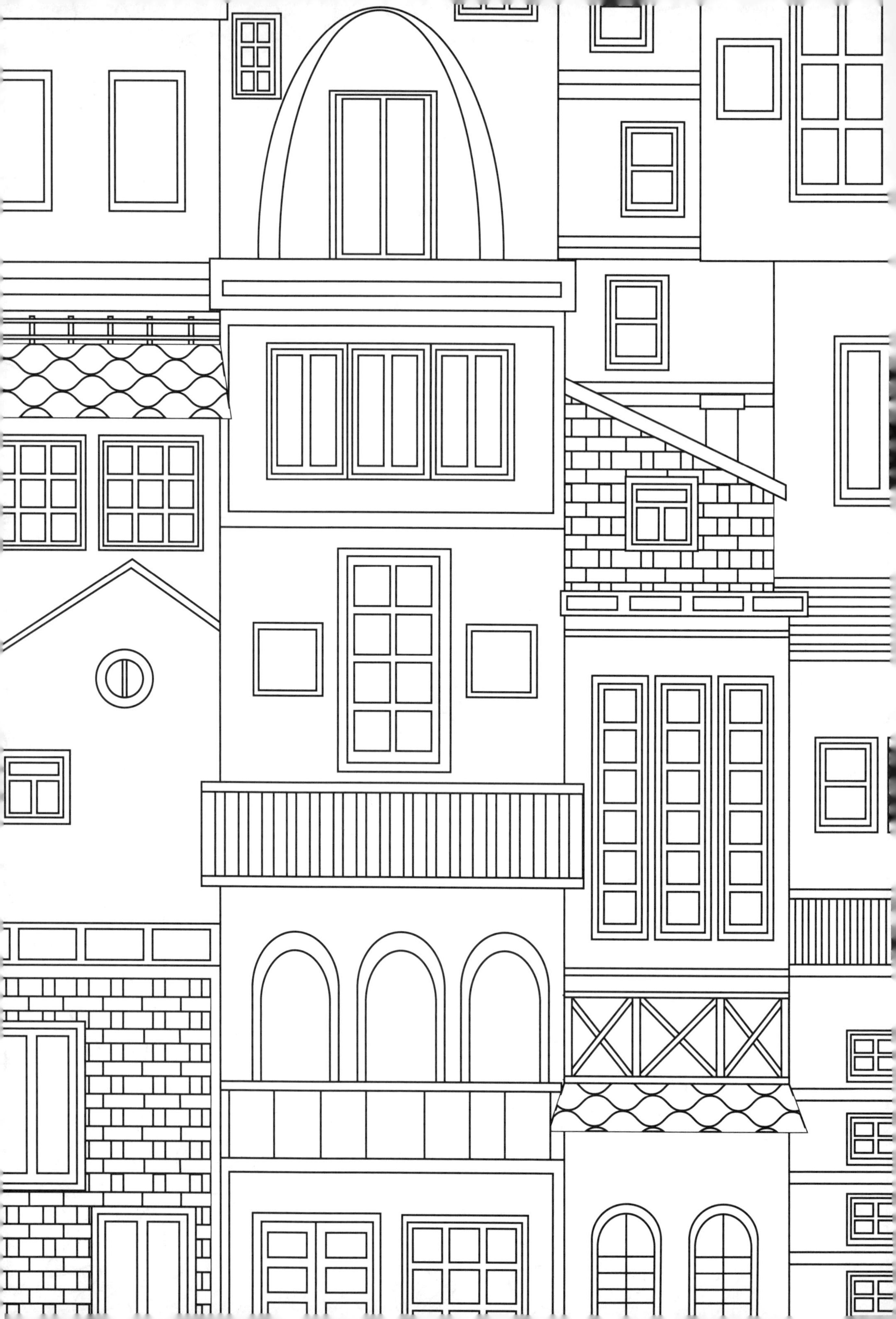

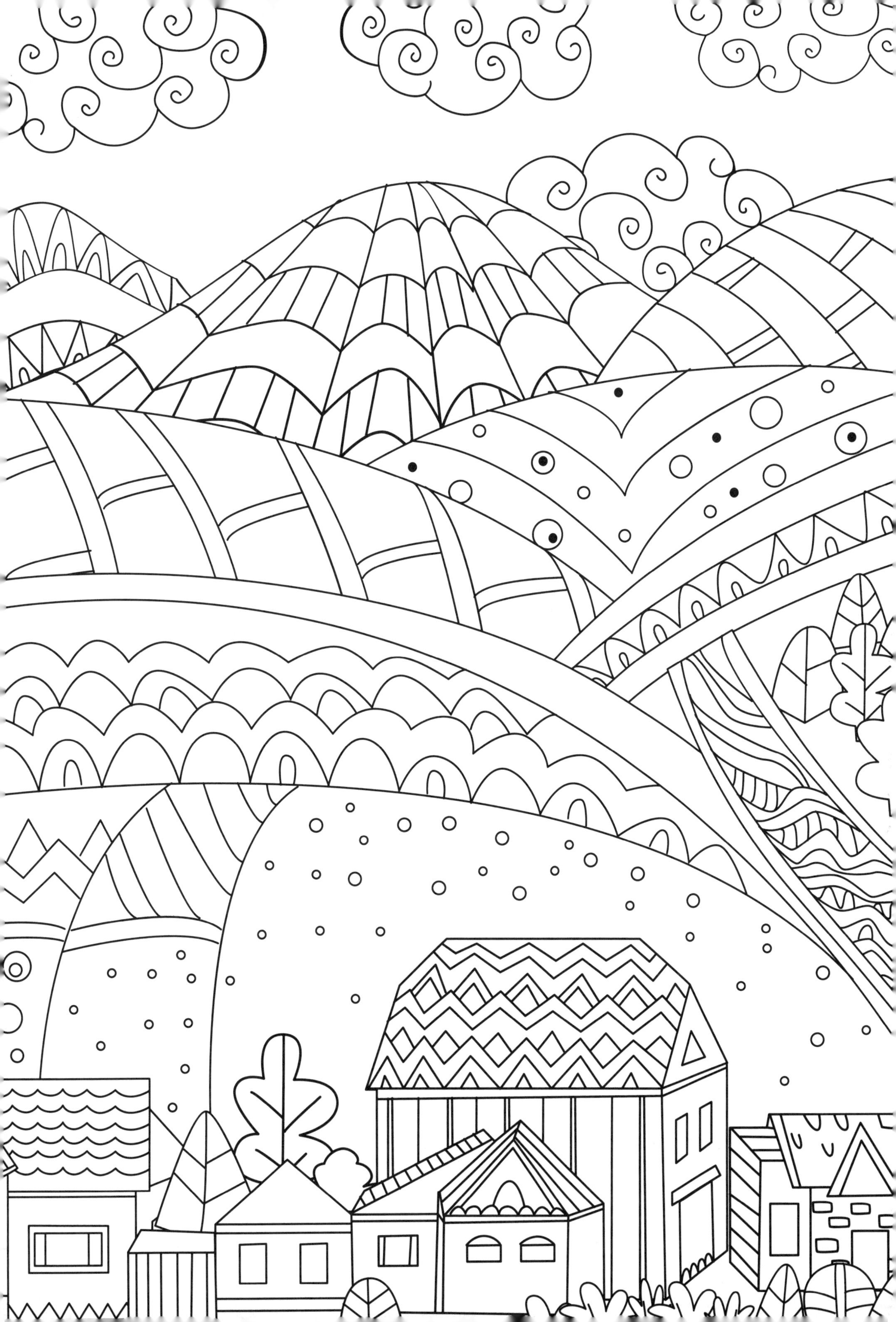

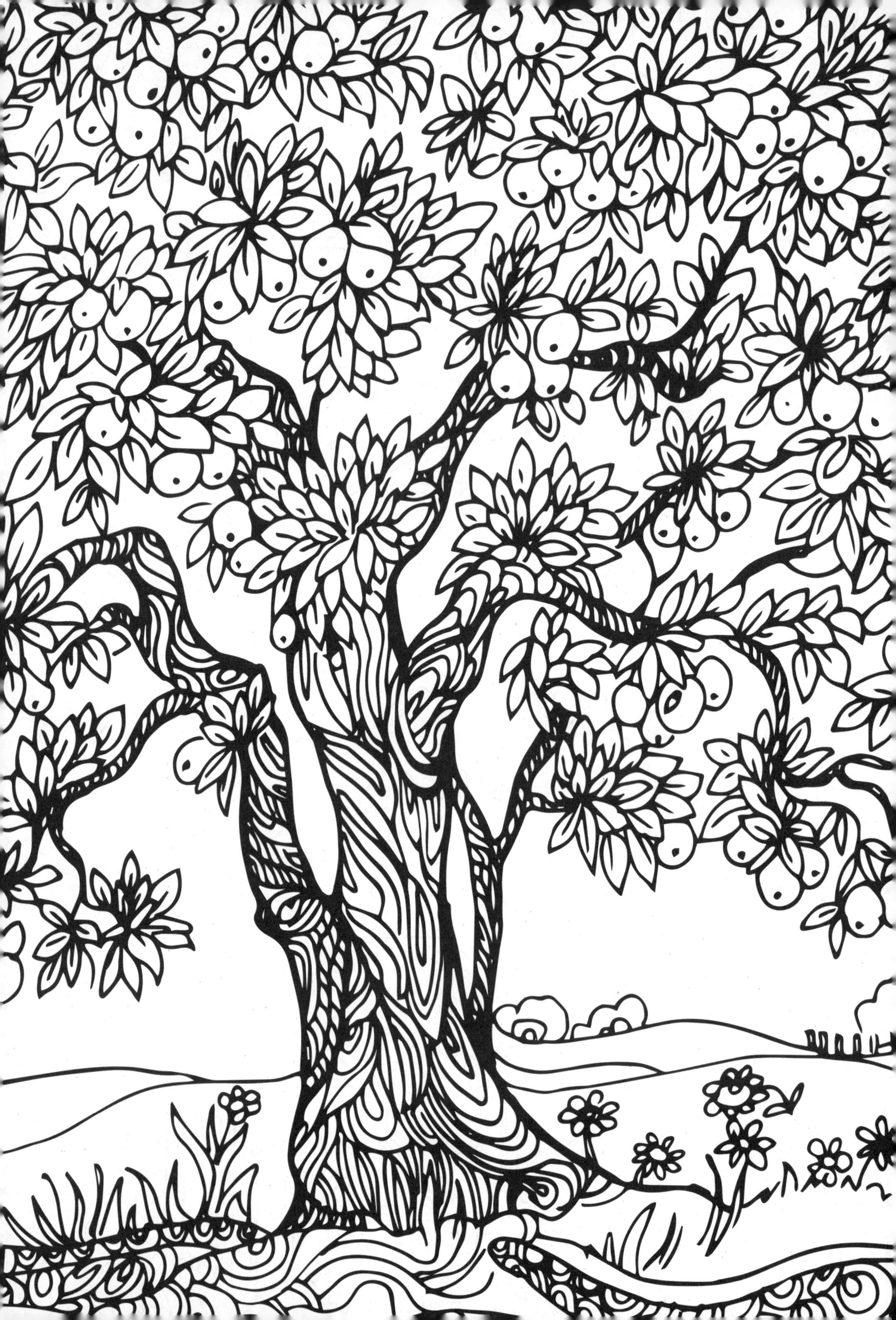

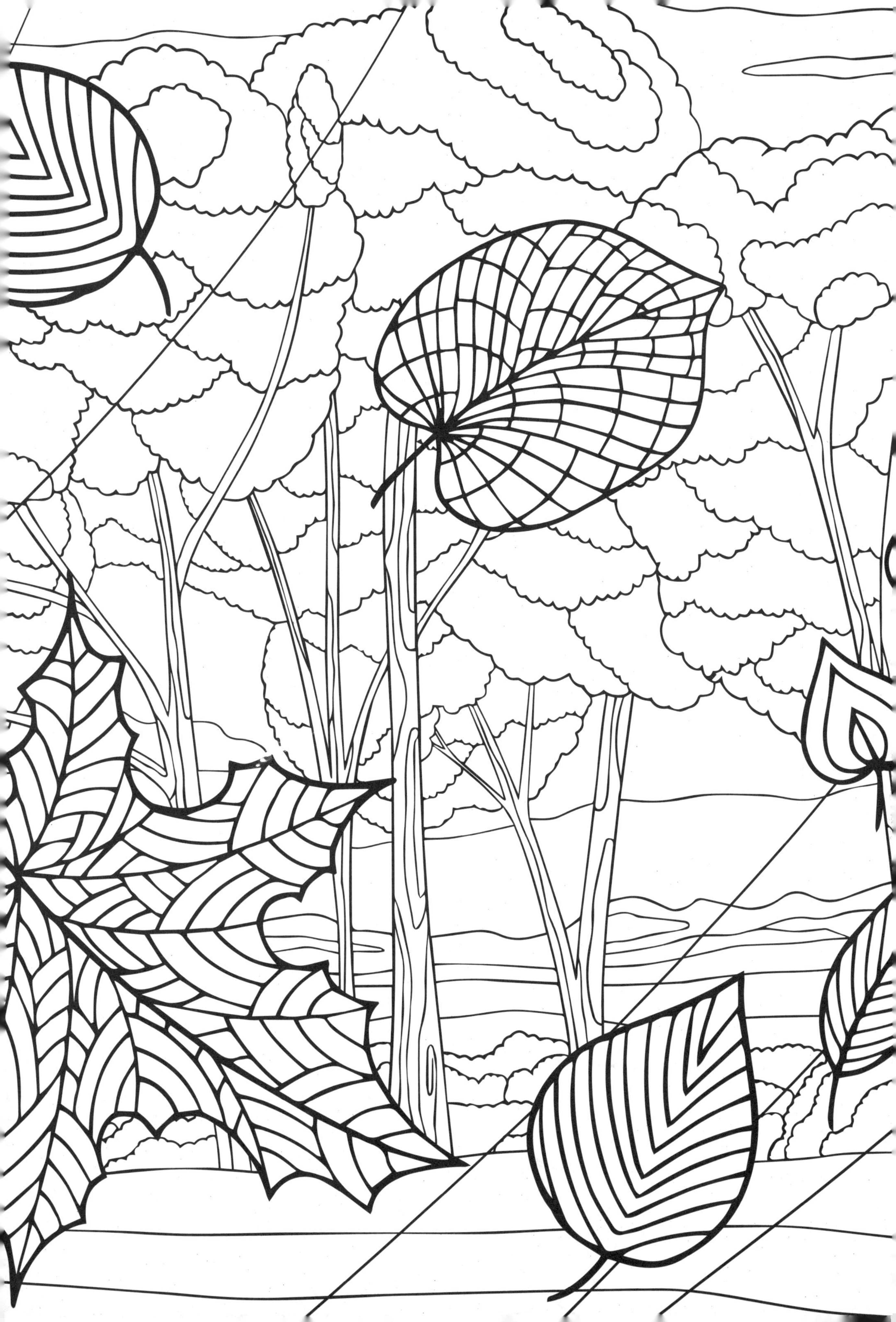

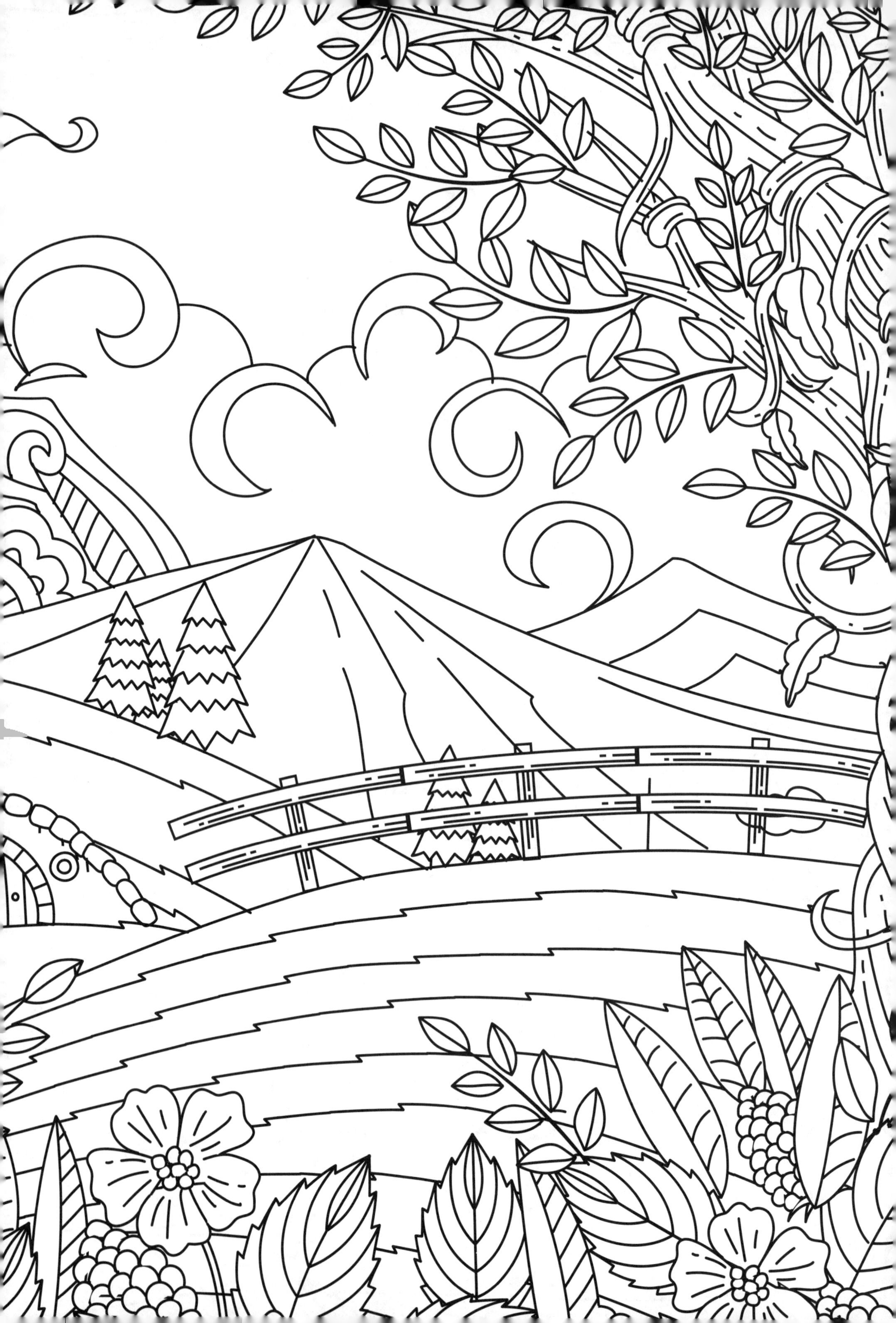

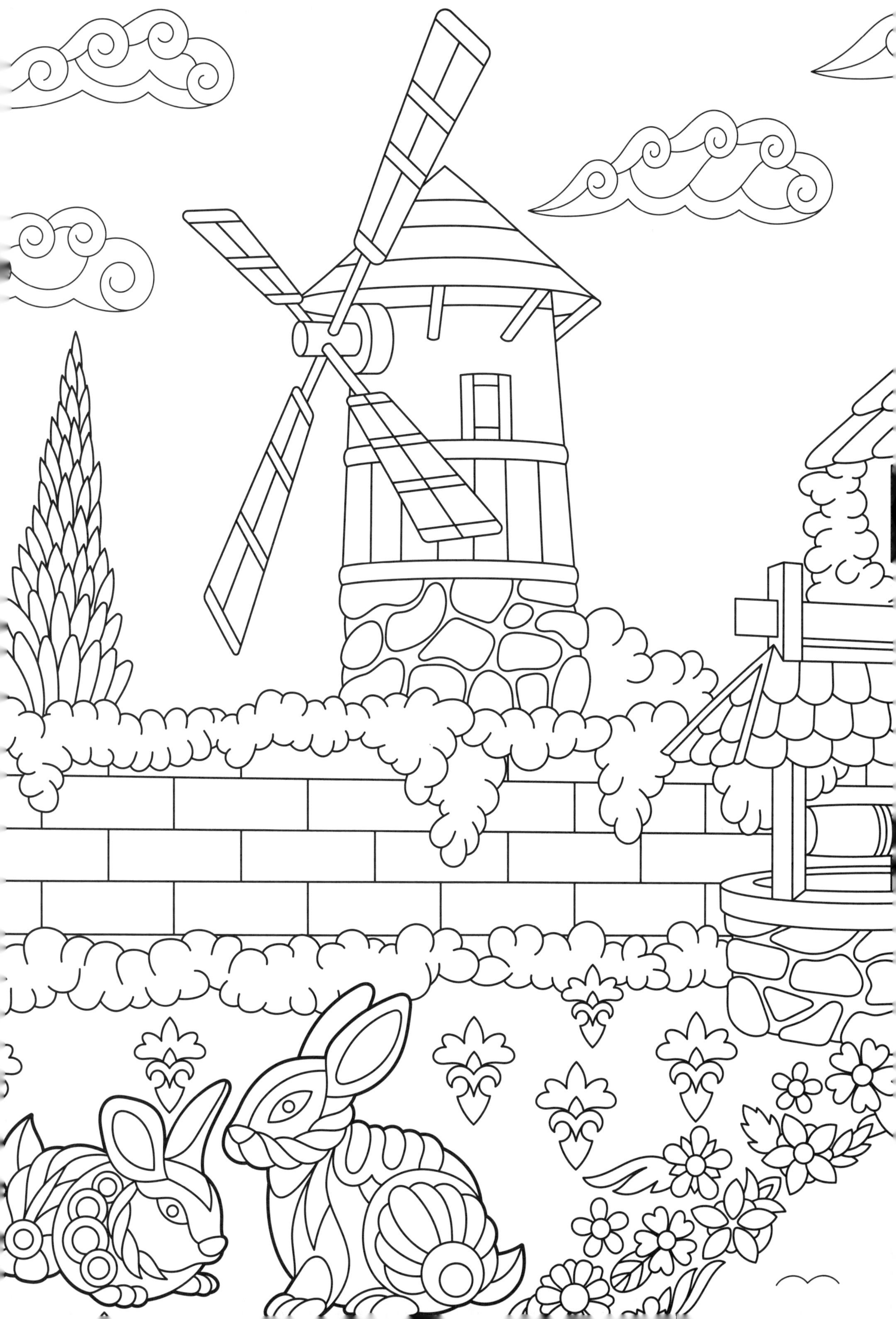

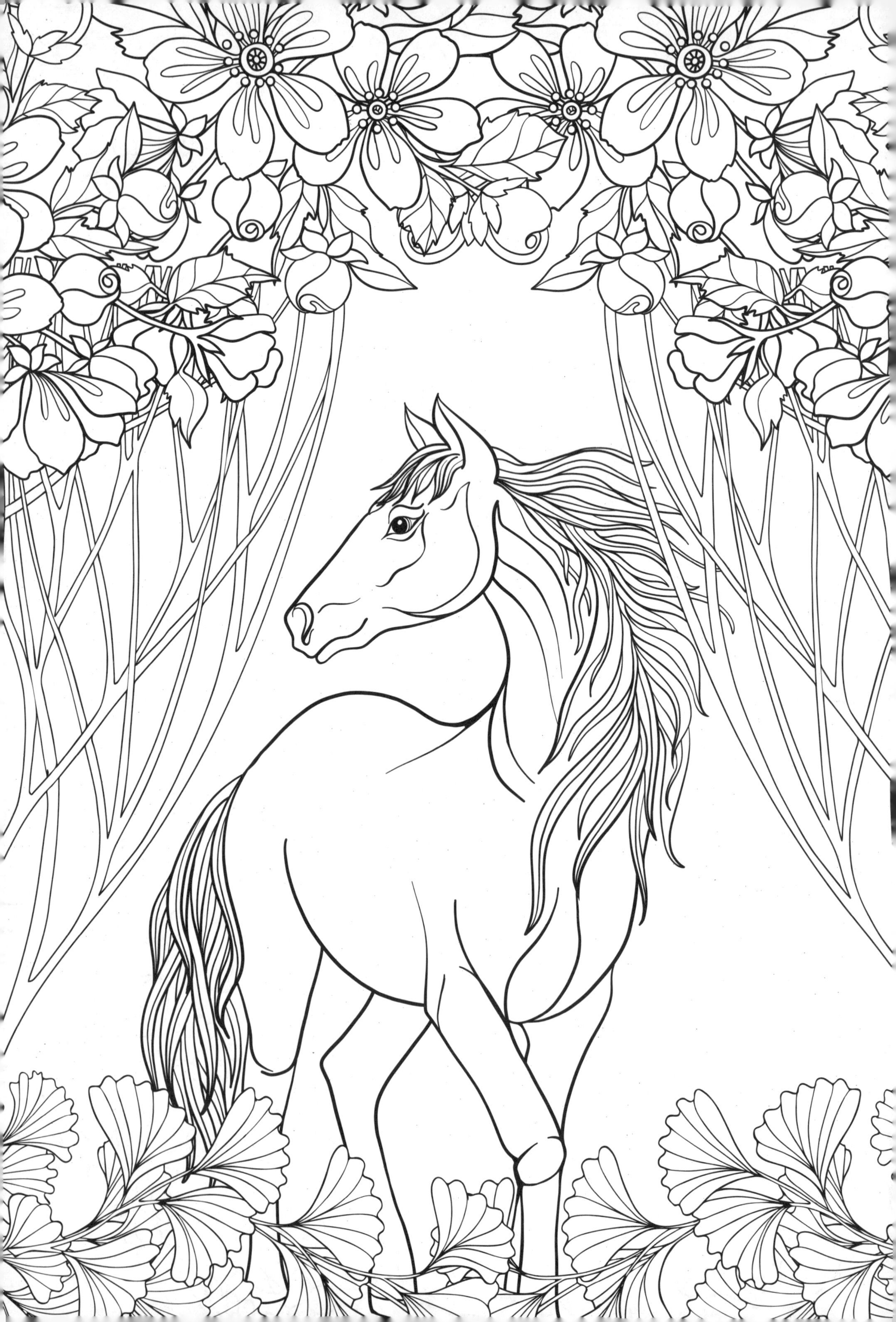

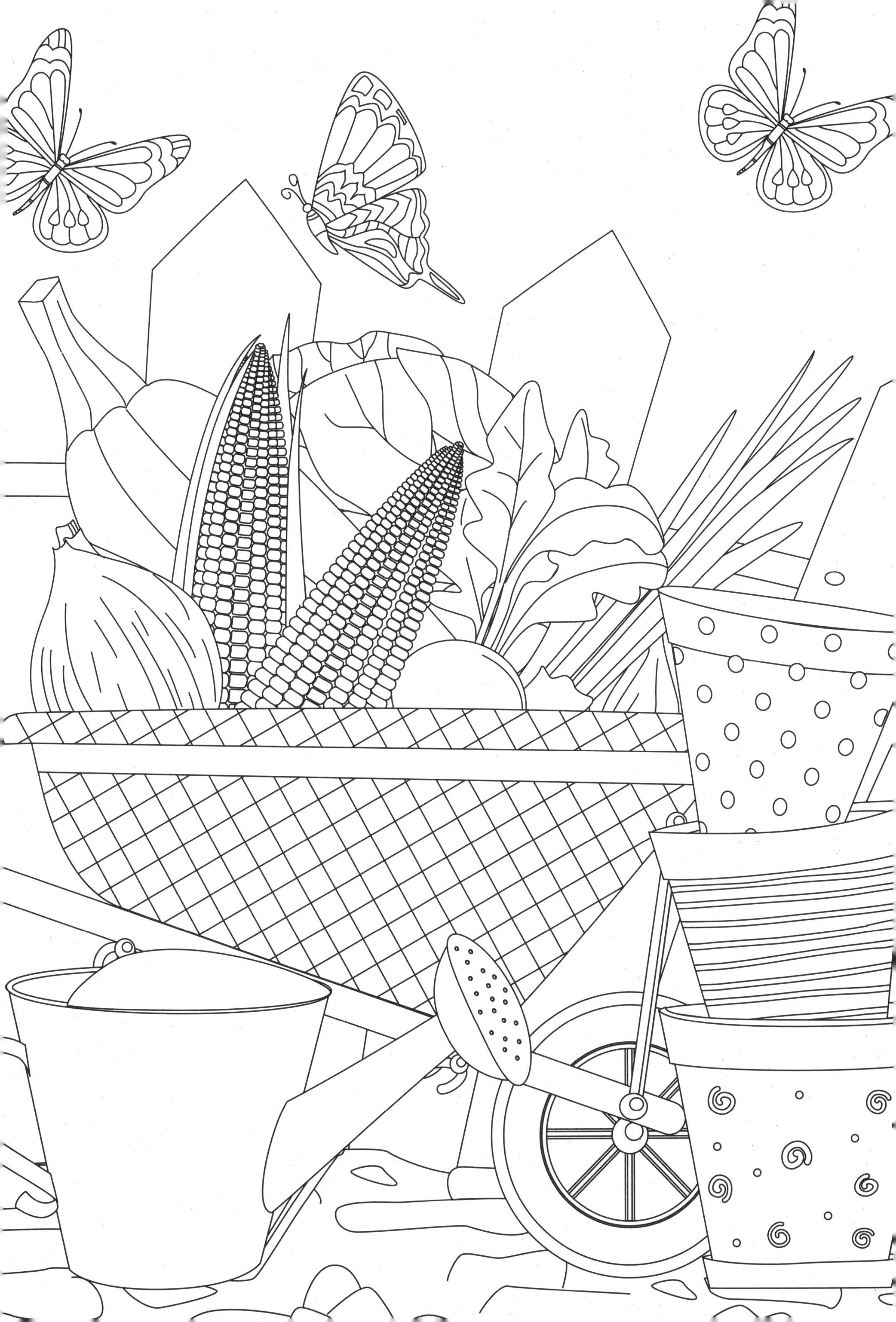

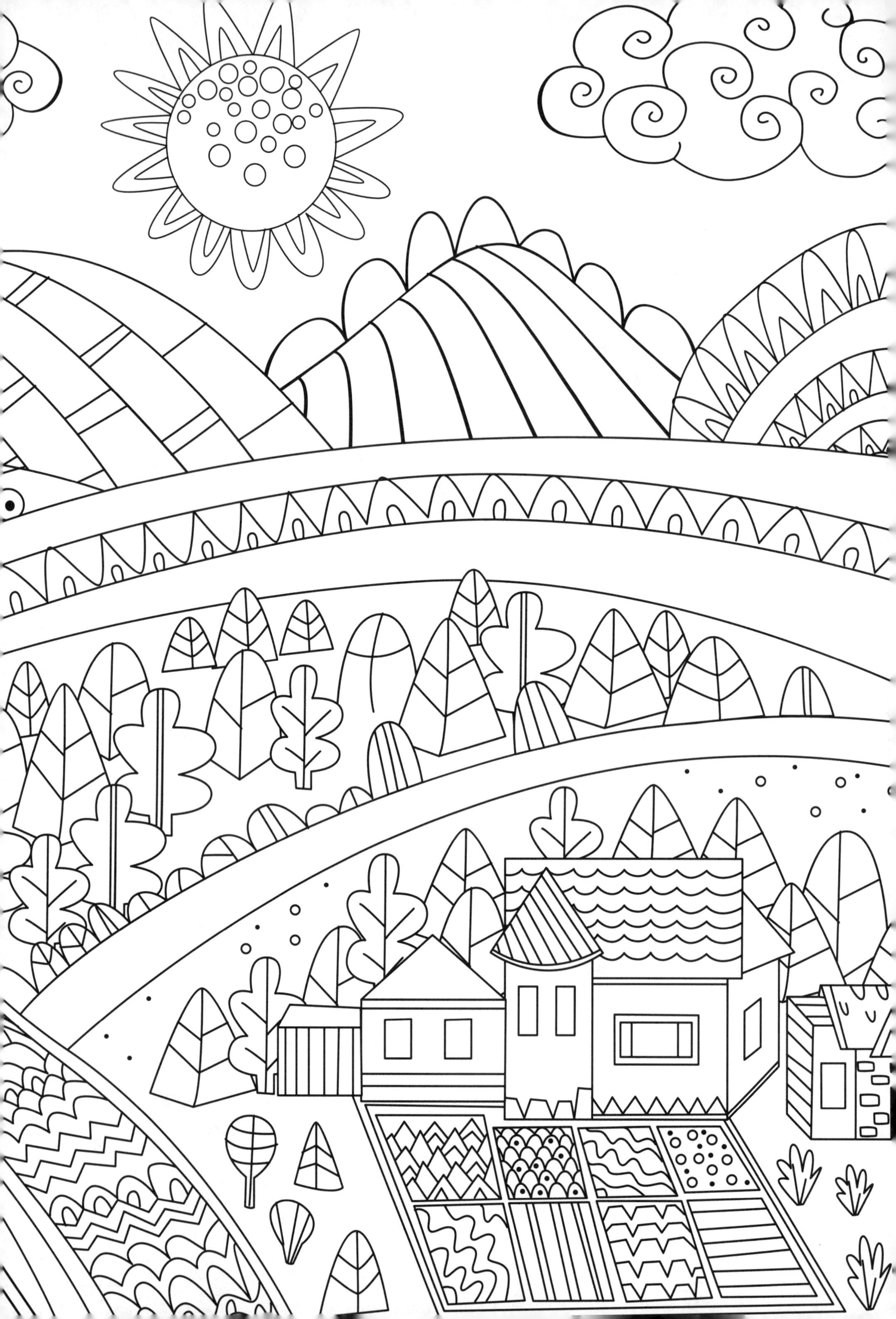